Reconocimientos

Quiero darle las gracias a mi querido esposo, C.A., por sus muchas horas de escucharme hablar y hablar y hablar acerca de este proyecto. El que siempre me deja soñar en grande pero me regresa suavemente a la realidad cuando mis sueños crecen demasiado y no me permiten ver el camino.

También le quiero dar las gracias a mis tres personas favoritas en el mundo – Benjamin, Ana Alicia, e Isaac. Mis tres hijos son mi motivación para levantarme cada mañana y el porqué estoy exhausta al anochecer. Los amo con todo mi corazón.

Por su puesto, tengo que darle las gracias a mis padres, Marty y Ronnie Baggerly. Mi Mamá y mi Papá me dieron un hogar lleno de amor en donde mi hermana y yo aprendimos que podíamos ser lo que quisiéramos en la vida. A mi hermana, Susan, le agradezco por siempre ser mi porrista numero uno.

A mis suegros, Claudio y Belinda Hinojosa, les doy las gracias por su amor y por su apoyo incondicional.

A mi familia entera OLLU, gracias por todo lo que me han enseñado. Nunca olvidaré su apoyo y amistad.

Adicionalmente le doy las gracias a mi amiga de la infancia LaShawn Brown Sithole por su aliento, su sabiduría, y por su oído comprensivo.

Este libro está dedicado al modelo real de mi vida y al perfecto ejemplo de un Líder Siervo –mi Abuela, Norma Jean Lipscomb.

Prólogo

En 1977, Robert K. Greenleaf acuñó el término Servicio de Liderazgo para describir a una persona que desear primero y ante todo servir. Greenleaf describió un tipo de liderazgo que es primeramente motivado por un profundo deseo de ayudar a otros.

"Empieza con un deseo natural de que uno quiere servir. La elección consciente nos lleva a aspirar al liderazgo. Esto es claramente diferente de una persona que es líder primero. La diferencia se manifiesta en el cuidado que toma aquel que es servidor primero para asegurarse de que las prioridades más importantes de la otra persona están siendo atendidas." --Robert K. Greenleaf

Tabla de Contenidos

Administración – ¿Eres un Buen
Administrador?

Capìtulo1
Escuchar- ¿Eres un Buen Oyente?

Semana 1 – Escuchar

Un viejo proverbio Italiano dice, "Del escuchar viene la sabiduría, del hablar viene el arrepentimiento." Escuchar empieza con la atención y con la búsqueda del entendimiento. ¿Porque no escuchamos o escuchamos muy poco? Cuando nos encontramos en una situación dificultosa, el líder usual tiende a reaccionar tratando de encontrar a alguien más a quien culpar. Un verdadero líder servidor va a escuchar primero porque cuando realmente escucha edifica la fortaleza en otros. Como Robert Greenleaf dijo, "¿Cuando digo lo que tengo en mente podre realmente ayudar a mejorar el silencio?" Necesitamos vencer la tendencia de hablar todo el tiempo. El silencio es bueno y no debemos de tenerle miedo.

Escuchar se puede describir como una actitud hacia otras personas. Ustedes pueden pensar que son buenos oyentes pero la gente alrededor tuya ¿está de acuerdo? Alguna vez alguien te ha visto a los ojos y te ha dicho con una expresión de desilusión, "¿Me estas escuchando?" Puedo jurar que te ha sucedido por lo menos una vez. Me ha sucedido a mí. Bueno, no te desanimes, colectivamente, somos malos oyentes. De hecho, de acuerdo con la Asociación Internacional de Oyentes solamente retenemos la mitad de lo que escuchamos inmediatamente después de que lo oímos, Y solo aproximadamente un 20% más allá. Estos no son buenos porcentajes, o ¿son? A pesar, de estas desilusionantes estadísticas escuchar es una de las partes más importantes de una comunicación eficaz. Quizás solamente quedamos atrapados en el sonido de nuestra propia voz y olvidamos callarnos y escuchar lo que otros están diciendo.

Imagina si todos fuéramos capaces de retener nuestra habilidad y escuchar para poder retener 75% de lo que escuchamos inmediatamente después de escucharlo y 50% ¿a largo plazo? Caray, ¡piensa en esto! Las implicaciones de escuchar más efectivamente serian tremendas porque estaríamos usando menos tiempo tratando de traer a la memoria lo que no podemos recordar. La calidad de nuestro trabajo mejoraría, seríamos propensos a tener menos discusiones, y nuestras relaciones serian mejores. El hábito de escuchar mejor nos permitiría tener más empatía y compasión por los demás. Los investigadores han encontrado que el individuo promedio usa considerablemente más tiempo diariamente escuchando que hablando, escribiendo, o leyendo. Así que, mejorar tus destrezas para escuchar es una tarea comunicativa muy importante. ¿Sabías que dedicamos alrededor de 40 al 45 por ciento de nuestras horas de trabajo a escuchar? Y ¿sabías que, si no has tomado los pasos para mejorar esta destreza, tus escuchas solamente 25 porciento eficazmente? Juntando estos pensamientos, ¿te sientes cómodo sabiendo que te ganas 40 por ciento más de lo que te pagan cuando escuchas eficazmente al 25 porciento? Tal vez actuado con la información compartida en este capítulo mejoraremos nuestra destreza para escuchar más allá del promedio de la eficacia para escuchar. Las pruebas han demostrado que podemos mejorar significativamente nuestro nivel para escuchar con un poquito de estudio y práctica. Escuchar es típicamente visto como algo pasivo. De hecho, es lo opuesto. Escuchar intensamente te debe de hacer sentir muy cansado después que el orador ha terminado de decir lo que necesitaba decir.

Se toma de mucha concentración y determinación para ser un oyente activo. Los viejos hábitos son difíciles de evitar, y si tus hábitos para escuchar son como los de mucha gente, entonces hay muchos hábitos que cambiar. Se deliberado al escuchar y recuérdate a ti mismo constantemente que tu meta es verdaderamente escuchar lo que la otra persona está diciendo. Pon a un lado otros pensamientos y comportamientos y concéntrate en el

mensaje. Haz preguntas, reflexiona, y parafrasea
para asegurarte de entender el mensaje. Si no lo
haces, entonces te vas a dar cuenta que ¡lo que
alguien te dice y que lo que tu escuchas puede ser
sorpresivamente diferente!

Esto nos lleva a la pregunta, ¿como podemos
hacer un mejor trabajo al escuchar? Vamos a
encararlo, ser un buen oyente no es tan fácil como
suena. Todos nosotros nos hemos envuelto en
nuestros propios pensamientos cuando se supone que
debemos estar poniendo atención a lo que alguien
más está diciendo. Tal vez es porque el tema es
aburrido o la persona que está hablando no es muy
interesante. O, tal vez estamos distraídos con asuntos
personales. Espero que los puntos discutidos en este
capítulo puedan ayudar a mejorar tus destrezas para
escuchar. Empieza a practicar hoy el escuchar
activamente para ser un mejor comunicador y para
mejorar tu lugar de trabajo tu productividad y tus
relaciones personales. La habilidad de escuchar es la
primera característica en las diez características de un
líder servidor.

Así que, que dices, vamos a trabajar para ser
mejores oyentes. Los siguientes cinco ejercicios te
van a ayudar a llegar a ser un oyente más efectivo
mientras viajas por tu camino para ser un Líder
Servidor más efectivo.

Lunes – Lección #1 – ¡Pon Atención!

Es el principio de la semana y el principio de nuestro ejercicio para ser un mejor oyente. A medida que pasas el día de hoy, se consciente de tu habilidad para poner atención a aquellos que te están hablando. A medida que practicas el arte de escuchar, usa la siguiente lista de verificación. Al final del día, marca con una X cada elemento que hayas completado. Al final de la semana, vas a reflexionar en todos los pasos que diste para estimular tu habilidad para escuchar.

Escucha más de lo que hablas	
Enfócate en lo que la otra persona está diciendo – no en lo que tú vas a decir enseguida	
No planees una historia mientras la otra persona está hablando	
Nunca termines la oración de otra persona	
Mira al orador directamente	
Pon a un lado los pensamientos que te distraigan	
Abstente de conversaciones paralelas cuando estás en un grupo	

Mira al orador	
Haz contacto visual	
Para de hacer otras cosas	
Pon atención a las palabras del orador	
Pon atención a las señales no verbales como las expresiones faciales del orador y el tono de voz	

Martes – Lección #2 – Proporciona Información

Bien, el día 2 está por comenzar y tienes ahora algo de práctica poniendo atención. Ahora, necesitas practicar como proporcionar información. La información le va a permitir al orador hablarte libremente. Como lo hiciste ayer, por favor toma un momento hoy al final del día para reflexionar en tus experiencias y marca con una X cada elemento que hayas completado. Como recordatorio, al final de la semana, vas a reflexionar en todos los pasos que has tomado haz practicado esta semana para poder desarrollar más efectivamente tus destrezas para escuchar. ¡Diviértete!

Enfócate en usar lenguaje corporal	
Haz contacto visual	
No te cruces de brazos	
Coloca tus hombros de manera que estés de frente al orador	
Crea factores desencadenantes en tu memoria para que te ayude a recordar	
Inclina la cabeza de vez en cuando	
Sonríe y usa otras expresiones faciales	
Pon atención a tu postura y asegura que sea acogedora y atrayente	
Anima al orador a continuar usando comentarios	

como, "si," y "ajá, ajá"	

Miércoles – Lección #3 – No Juzgues Fácilmente

Día tres y tu ya casi sabes como hacerlo. Ya has practicado poner atención y dar información, ahora es el momento para hacer lo difícil. Para poder ser un buen oyente debes de tener la habilidad de no juzgar al orador. Como ya sabemos, es naturaleza humana para nosotros juzgar a los demás así que en esta lección vamos a practicar. Así, que practicaremos. Como es usual, marca con una X cada elemento que hayas practicado hoy luego al final de la semana vas a reflexionar en lo que haz aprendido y en lo que haz experimentado. Buena suerte y recuerda que serás un mucho mejor oyente y líder por haber intentado estas técnicas.

Identifícate con los demás – ponte en los zapatos de la persona que está hablando y así podrás entender más profundamente sus sentimientos	
Mantén tu mente abierta	
Permite que el orador termine	
No interrumpas con argumentos en contra de lo que dice el orador	
Comparte las emociones y los sentimientos del orador	
Valora a la persona que esta hablando	
Trata de quitarte prejuicios e ideas pre-concebidas	

que puedan distorsionar lo que estas escuchando o
tu entendimiento de ello

Jueves – Lección #4 – Responde Apropiadamente

Ayer sobreviviste tu día más difícil. La lección de hoy es como responder apropiadamente. Para ser un oyente efectivo, debes de ser un oyente activo. Para poder ser un oyente activo, te debes asegurar de que el orador sepa que tu estas atento a la conversación. Practica las siguientes destrezas y pon una marca en las que hayas practicado en situaciones de la vida real. Mañana es día de reflexionar así que así que intenta y practica todas las destrezas que puedas. Ya casi terminas con la primera semana de actividades. Se que en este momento te sientes realizado, ¿verdad?

Resiste la tentación de dominar la conversación	
No interrumpas	
Para de hacer otras cosas	
Reflexiona en lo que el orador esta diciendo y parafrasea	
Haz preguntas para clarificar ciertos puntos	
Resume periódicamente los comentarios del orador	
Se candido, de mente abierta, y honesto en tus respuestas	
Da tus opiniones con respeto	

Anima al orador usando afirmando con la cabeza, con gestos no verbales o diciendo, "Ya veo" o "eso tiene sentido."	
Haz preguntas abiertas para continuar con la discusión	
No le digas, "Te lo dije" o "Lo sabia."	
Elimina cualquier esfuerzo para tratar de impresionar al orador y mostrar que tan inteligente y divertido eres.	

Viernes – Lección #5 – Ejercita Tu Mente

¡Lo hiciste! Es viernes y has tenido la oportunidad de practicar una variedad de destrezas que te van a ayudar en tu conquista de ser un mejor oyente y un excelente Líder Servidor. Has trabajado en poner atención, proporcionar información, no juzgar fácilmente, y responder apropiadamente. Hoy, vas a ejercitar tu mente. Usa este día para reflexionar en las Lecciones #1 - #5 y usa este momento para escribir algunos comentarios acerca de cuáles lecciones sentiste que fueron difíciles y cuales lecciones sentiste que fueron relativamente fáciles.

Date cuenta que escuchar es una tarea difícil	
Reconoce tus propios prejuicios	
Desarrolla un apetito por escuchar una variedad de presentaciones	
Prepárate para escuchar conservando una mente abierta y una actitud mental positiva	

Diario

Capítulo 2
Empatía- ¿Puedes Realmente Caminar en los Zapatos de Alguien Mas?

Semana 2 – Empatía

Poniéndolo de una manera muy simple, empatía significa que nosotros podamos caminar en los zapatos de alguien más (por supuesto, no literalmente). De hecho, podemos definir empatía como el compartir los sentimientos de otra persona. Los investigadores han encontrado que cuando que cuando nosotros vemos a otras personas sufriendo, nuestros cerebros responden en una forma característica. Nuestro cerebro reacciona al dolor de otros de la misma forma que reaccionamos a nuestro propio sufrimiento.

Como lo dijo Robert Greenleaf, el líder servidor debe siempre aceptar y sentir empatía hacia otra persona y nunca debe rechazar a los demás. Aunque el servidor como líder siempre sienta empatía y acepte a la persona, el líder servidor efectivo se rehúsa a aceptar algunos de los esfuerzos de la persona o algunas acciones como suficientes. Para un gran líder, especialmente un Líder Servidor, mostrar empatía y aceptación a otros es esencial para el crecimiento y desarrollo de las personas que viven y trabajan con ellos. La verdad es, que cualquiera puede guiar personas perfectas. Pero, todavía no he conocido a la persona perfecta, ¿y tú? Aunque el rendimiento de trabajo de otros puede ser juzgado críticamente, la gente crece más allá y lleva a cabo sus responsabilidades de trabajo mejor cuando aquellos que los guían les muestran empatía y los aceptan.

La empatía es un vehículo para el entendimiento efectivo, la comunicación y las relaciones. Es esencial encontrar soluciones a problemas que son muy prevalentes en el mundo económico de hoy. La empatía es esencial en el manejo de quejas y para retener clientes. La realidad es, que en nuestro mundo actual, necesitamos ser comunicadores más efectivos si queremos ser exitosos en los negocios y en la vida. La empatía es esencial en el manejo de quejas y para retener clientes, para desarrollar relaciones, y para guiar a otros en nuestro hogar y en nuestro trabajo. Los gurús más modernos en áreas de comunicaciones, manejo y auto-desarrollo se refieren en una forma o en otra a la importancia de la empatía. Necesitamos aprender como realmente entenderlos sentimientos y emociones de otras personas para poder mejorar nuestro propio desarrollo profesional y personal y el de los demás.

Mostrar empatía a tus colegas y a tu familia te ayudara a fomentar confianza porque un líder que siente empatía hacia otros también se le puede tener confianza.

La adquisición de la empatía se trata de estar en sintonía con quien tú eres como persona. La buena noticia es, que la empatía envuelve destrezas y creencias sociales, que en su mayoría pueden ser aprendidas. Yo creo que las personas que están trabajando en y desarrollando sus destrezas de empatía pueden en ultima instancia acabar con el sufrimiento humano que sucede diariamente en el mundo…!es ASI de poderoso e importante!

La empatía no es una destreza fácil de aprender y definitivamente no es una destreza fácil de enseñar. Pero, con alguna practica y paciencia (y si, oración), tu podrás desarrollar y refinar tus habilidades de empatía esta semana trabajando en las siguientes sugerencias diarias. Toma en cuenta que al identificarte con los demás, te pone a un paso más cercano de ser un Lider Servidor más efectivo. Todos nosotros debemos ser más conscientes de como nos relacionamos con otros porque este mundo podría usar unos poco mas Lideres Servidores, ¿no crees?

Lunes – Lección #1 – Reflexiona Acerca de Tus Propios Sentimientos y Distínguelos de los Sentimientos de Otros

Este es el principio de una semana nueva y es el principio de nuestro ejercicio para llegar a ser más empático. La empatía no es una habilidad fácil de aprender. Pero, pero con algo de práctica y paciencia, esta semana podrás refinar tus habilidades para ser empático. Mantén en mente que identificarte con los demás es un paso para llegar a ser un Líder Servidor más efectivo. A medida que pase este día, mantente consciente de cómo te relacionas con los sentimientos de otros. Usa la siguiente lista, a medida que practiques el arte de ser empático. Al final del día, marca con una X cada elemento que hayas completado. Al final de la semana, vas a reflexionar en todos los pasos que haz tomado para mejorar tus destrezas empáticas.

Usa auto-concientización – reconoce tus propias necesidades	
Toma en cuenta la perspectiva de otra persona	
Regula tu propia respuesta emocional…no sobrerreacciones a la situación	
Piensa acerca de tus propias opiniones morales y políticas	

Reconoce, identifica, y acepta tus propios sentimientos	

Martes – Lección #2 – Imagina la Perspectiva de Otra Persona

Hoy, vas a practicar imaginándote en la perspectiva de otros. Esta destreza toma práctica así que, asegúrate de ensayar todos los consejos enlistados. Como lo hiciste ayer por favor toma un momento hoy al final del día para reflexionar en tus experiencias y marca con una X cada elemento que hayas practicado. Al final de la semana, vas a tener la oportunidad de repasar todas las estrategias que haz practicado esta semana para poder desarrollar tus destrezas de empatía.

Aprovecha hoy oportunidades para modelar sentimientos de empatía hacia otras personas	
Descubre lo que tienes en común con otras personas de otras culturas y orígenes	
Trata de imaginar como alguien más se siente e imita ese sentimiento usando gestos faciales	
Familiarízate con otras personas	
Identifica similitudes entre otras personas y tuyas	
Lee o ve historias con oportunidades de practicar la habilidad de tomar la perspectiva de otros– ¿Qué piensan, creen, quieren, o sientes los personajes? y ¿Cómo lo sabemos?	
Mantén una mente abierta donde tus seguidores se puedan sentir en confianza de hablar acerca de	

sus experiencias, ambas positivas o negativas	
Practica tus habilidades para escuchar (Lección #1)	
Ponte en el lugar de otra persona	
Cultiva la compasión	

Miércoles– Lección #3 –!Aléjate de las Emociones Negativas!

Es el tercer día y estoy segura de que ya estas figurando el proceso. Haz practicado reflexionado en tus sentimientos y en los sentimientos de otros. Para poder ser empático debes de tener la habilidad de alejarte de las emociones negativas. Es naturaleza humana que experimentemos estas emociones negativas y que permitamos que nos invadan, así que esta lección se va a tomar algo de práctica. Como es usual, marca con una X cada elemento que hayas practicado hoy y al final de la semana vas a reflexionar en lo que aprendiste y en lo que experimentaste.

Mantén tus emociones bajo control usando activamente tus destrezas para escuchar	
Piensa antes de actuar	
No le permitas a tu mente habitar en lo negativo	
Encuentra algo positivo acerca de la situación	
Se agradecido hoy por todo lo bueno y lo que está bien en tu mundo	
Escribe en tu diario acerca de las cosas positivas que están sucediendo en tu alrededor	

Jueves –Lección # –Establece Buenas Relaciones con los Demás

La lección de hoy es acerca de cómo establecer una buena relación con los demás. Esta semana vas a descubrir que para ser un líder que sirve, debes tener empatía. Para poder tener empatía, debes de asegurarte de establecer buenas relaciones con aquellos que trabajas y con aquellos que vives. Practica las siguientes destrezas y marca con una X las que hayas usado en situaciones de la vida real. Mañana es día de reflexionar así que trata de practicar todas las destrezas que puedas.

Identifica frases y preguntas para una buena relación	
Usa un estilo que sea simpatético e interesante cuando hablas con los demás	
Identifica preguntas empáticas adecuadas para la recopilación de información	
Usa tono y frases simpatéticas	
Presta atención a la empatía y simpatía natural en las que se basa la confianza y una buena relación	
Tomate tiempo para conocer a la gente	
No menosprecies, hagas de menos, rechaces, o ignores a la gente	

Se receptivo a las señales de los demás, particularmente a las señales no verbales tales como las expresiones faciales	
Trata de identificarte con los demás	

Viernes – Lección #5 – Reflexiona

   ¡Lo hiciste! Es viernes y has tenido la
oportunidad de practicar una variedad de destrezas
que te van a ayudar en tu conquista de tener más
empatía y de ser un excelente Líder Servidor. Toma
este día para reflexionar en las Lecciones #1 - #5 y
usa este momento para escribir algunos de tus
pensamientos acerca de en cuales lecciones sentiste
que fueron difíciles y en las lecciones que sentiste
que fueron fáciles.

Date cuenta que la empatía es un trabajo difícil	
Reconoce tus propios prejuicios	
Desarrolla un apetito de aprender acerca de tus compañeros de trabajo y de tu familia	
Prepárate a ser empático manteniendo una mente abierta y una actitud mental positiva	
Inspira buenos sentimientos a través de interacciones sociales agradables	
Reflexiona acerca de la gente que son modelos de empatía, como la Madre Teresa y Mahatma Gandhi	
Usa tu inteligencia emocional para decidir que hacer cuando sientes empatía y qué hacer cuando el estado de ánimo de alguien más te está afectando demasiado	

Reflexiona cuando escribas en tu diario	

Diario

Capitulo 3
Sanidad-¿Puedes Curar un Espíritu Roto?

Semana 3 – Sanidad

¿No te gustaría poder ayudar a aquellos con espíritu quebrantado? Bueno, si puedes. La sanidad…ayuda a la plenitud. La búsqueda de la plenitud es algo compartido por el por el Líder Servidor y sus seguidores. Aprender a sanar es una fuerza poderosa para la transformación y la integración en un lugar de trabajo y en el hogar. Una de las grandes cualidades de un Líder Servidor es el potencial de auto-sanidad y el de la sanidad de otros. Los Lideres Servidores reconocen que ellos tienen la oportunidad de ayudar a sanar a aquellos de espíritu quebrantado y a aquellos que sufren. ¡Que concepto tan poderoso! Tú tienes la habilidad de ayudar a una persona a sanar y de hacerla completa.

Un Líder Servidor reconoce que las vidas personales y las vidas laborales están integradas y relacionadas y se conecta dentro de estas dos áreas de la vida de la persona. Si nuestra habilidad para desempeñarnos bien no existe en un área de nuestra vida, afectara nuestra habilidad de desempeñarnos bien en las otras aéreas de nuestras vidas. Por ejemplo, si una persona está pasando por un problema personal, eso va afectar como la persona se desempeña en su trabajo. Los dos mundos están relacionados, aunque quisiéramos que no lo estuvieran. Un líder debe querer y estar dispuesto a reconocer que otros puedan desempeñarse mejor en el trabajo por (no aparte de) sus actividades y relaciones fuera del lugar de trabajo. Las características de sanidad del Liderazgo de Servicio reconocen que los empleadores tienen muchas áreas diferentes que deben de funcionar en conjunto para que ellos tengan éxito en un área.

En *"El Siervo como Líder,"* Greenleaf escribe, "Hay algo sutilmente comunicado a quien está siendo servido y guiado si, está implícito en el pacto entre el líder-servidor y el guía es el entendimiento de que la búsqueda de la plenitud es algo que ellos tienen." Una forma en que un Líder Servidor sana es creando una actitud abierta en la cual otros se sienten cómodos de acercarse cuando algo traumático sucede. Greenleaf explicó que los seres humanos están en busca de la plenitud. Dijo, "que el líder-servidor tiene una oportunidad para contribuir a la integridad de los demás sirviendo como una fuerza de sanidad entre ellos." Desafortunadamente, en nuestro mundo actual trabajamos y vivimos con mucha gente que tiene el espíritu roto. Afortunadamente, el Líder Servidor ha desarrollado el don de sanar a los demás.

Los líderes servidores son personas a las que los demás quieren ir cuando algo importante sucede en sus vidas. Estos líderes han desarrollado una astuta apreciación por la salud emocional y el espíritu de otros y son buenos facilitando en proceso de sanidad. La habilidad de crear un ambiente que anima la sanidad emocional es muy importante para aquellos que quieren ser grandes Lideres Servidores.

Lunes – Lección #1 –Crear Auto-Conciencia

La sanidad es una de las características más maravillosas de un Líder Servidor. Imagina tener la habilidad de sanar a uno mismo y a otros. Recuerda que una forma de determinar que tan efectivo es un líder es, observando a sus seguidores. ¿Son los seguidores felices, han crecido profesionalmente, y han crecido personalmente mientras han estado bajo tu liderazgo? Pero, ¿REALMENTE te conoces a ti mismo? Es el principio de una nueva semana y el principio de nuestro ejercicio en Sanidad. A medida que pasa tu día, vas a practicar ejercicios que te van a ayudar a conocerte mejor a ti mismo. Para poder ayudar a otros, primero debes saber cómo ayudarte a ti mismo. A medida que practicas el arte de sanar, usa la siguiente lista. Al final del día, marca con una X cada elemento que hayas completado.

Trabaja en la auto-conciencia – reconoce y escribe tus necesidades	
Reflexiona en tus metas personales y profesionales – ¿Estas cerca de alcanzar alguna de ellas?	
¿Estas permitiendo y ayudando a otros a crecer?	
Habla con los demás acerca de la opinión que tienen de ti como líder	
Prepárate para escuchar la opinión que los demás	

tienen acerca de ti con una mente y un corazón abierto	
Toma notas y formula un plan para mejorar	
Como se sienten acerca de ti los demás	
¿Esta feliz con tu auto-imagen?	
¿Estas viviendo una vida saludable?	
¿Haces ejercicio regularmente?	
Piensa antes de actuar/hablar	

Martes – Leccion #2 – Cultiva Compasión

Te prometo que ayer fue el día más difícil de las lecciones de esta semana. Escuchar lo que otros piensan acerca de ti y recibirlo abiertamente no es una tarea fácil. Hoy, vas a trabajar en cultivar la compasión hacia otros. Así como lo hiciste ayer, por favor toma un momento al final del día de hoy para reflexionar en tus experiencias y pon una X en los elementos que hayas practicado. Como recordatorio, al final de la semana, vas a repasar todas las estrategias que practicaste esta semana para poder desarrollar tus destrezas de sanidad.

Aprovecha las oportunidades de hoy para modelar sentimientos de simpatía hacia las demás personas	
En tu diario, enlista alas cosas que tienes en común con tus compañeros de trabajo	
En tu diario, enlista alas cosas que te gustan acerca de tu familia y amigos	
Invita a un compañero de trabajo a comer (preferiblemente uno que NO has llegado a conocer bien)	
Identifica similitudes entre tú y las demás personas	
Investiga oportunidades para contribuir para una cause que valga la pena	

Pregúntale a un compañero de trabajo sobre los miembros de su familia	
Practica tus destrezas para escuchar (Semana #1)	
Practica tus habilidades de empatía (Semana #2)	
No insultes, hagas menos, rechaces, o ignores a las personas	
No al sarcasmo	
Investiga de problemas alrededor del mundo y aprende mas	
No a las humillaciones	

Miércoles – Lección #3 –Mantén Tus Emociones Bajo Control

Hoy, vas a intentar mantener tus emociones bajo control. Es más fácil decirlo que hacerlo, pero se cuanto deseas mejorar tus habilidades de liderazgo. A veces podemos ser un poquito "arrebatados" y sobre reaccionamos a las situaciones. Intenta estas actividades y ve si te ayudan a mantener tus emociones bajo control. Como es usual pon una X en los elementos que hayas practicado hoy luego al final de la semana vas a reflexionar en lo que aprendiste y en lo que experimentaste.

Mantén tus emociones bajo control usando activamente destrezas para escuchar	
Piensa antes de actuar	
Arregla tu lugar de trabajo para estimular al relajamiento	
Escucha música relajante	
Rodéate de personas que son generalmente positivas y agradecidas	
Lee un articulo o un libro edificante	
Si te gustan las flores, mantén algunas flores frescas en tu escritorio como una forma rápida de animarte	

Jueves – Lección #4 –Realiza Actos de Bondad al Azar

La lección de hoy es como realizar actos de bondad al azar. Creo que te vas a sorprender de lo bien que te hace sentir hacer algo por alguien más…y no necesariamente darte crédito por hacerlo. Para ser un líder quien sirve, debes poder ayudar a alguien a sentirse mejor. Practica las siguientes destrezas y marca con una X las que hayas intentado en situaciones de la vida real. Mañana es día de reflexionar así que trata de practicar todas las destrezas que puedas.

Cuando ordenes comida por una ventanilla , ora por la orden de la persona que está detrás de ti en línea	
Ayuda a alguien a llevar sus víveres al carro	
Da un poco mas de propina a la persona que está en el mostrador de la cafetería	
Deja un bote de agua en el buzón de cartas para la persona que entrega el correo	
Entrega un regalo (como un café de Starbucks) a una persona de edad avanzada…solo asegurate	

que puedan tomar azúcar	
Sonríe al azar a extraños que te encuentres durante tu dia de trabajo	
Ábrele la puerta a alguien	
Haz una donación anónima a una asociación de caridad	
Escribe en tu diario acerca de tus emociones después de realizar actos de bondad al azar	

Viernes – Lección #5 – Desarrolla Tu Inteligencia Emocional

¡Lo hiciste! Es viernes y has tenido la oportunidad de practicar una variedad de destrezas que te van a ayudar en tu conquista de tener más empatía y a ser un excelente Líder Servidor. Toma este día para reflexionar en las Lecciones #1 - #5 y usa este momento para escribir algunos de tus pensamientos acerca de en cuales lecciones sentiste fueron difíciles y en las lecciones que sentiste fueron fáciles.

Date cuenta que la sanidad es un trabajo difícil	
Reconoce tus propios prejuicios	
Desarrolla un apetito por aprender más acerca de tus compañeros de trabajo	
Prepárate a ser empático manteniendo una mente abierta y una actitud mental positiva	
Inspira buenos sentimientos a través de interacciones sociales agradables	
Usa tu inteligencia emocional para decidir qué hacer cuando sientes empatía y qué hacer cuando el estado de ánimo de alguien más te está afectando demasiado	
Mantén una mente abierta y una actitud positiva	

Diario

Capítulo 4
Concientización-¿Haces lo que Dices?

Semana 4 – Concientización

El líder tiene una idea general de concientización pero el líder servidor tiene una concientización única. Una persona que desarrolla concientización a través de la auto-reflexión, escuchando lo que otros nos dicen acerca de nosotros mismos, siendo continuamente abierto al aprendizaje, y haciendo una conexión de lo que sabemos y creemos a lo que hacemos o decimos. Esto normalmente lo referimos a cuando decimos "¿haces lo que dices?" ¿Haces lo que dices que vas a hacer? ¿Les pides a otros que hagan lo que tú nunca harías?

Debemos encontrar todas las formas posibles de escuchar y ponernos en los zapatos de los demás. En nuestras escuelas de hoy, los maestros luchan con los estudiantes problemáticos. Si alguien en el mundo exterior está tratando de decirnos algo importante e ignoramos su presencia, la persona o se da por vencida y deja de hablar o se vuelve más y más violenta en el intento de llamar nuestra atención.

"Si las puertas de la percepción fueran limpiadas, todo le parecería al hombre como es, infinito." La mayoría de nosotros nos manejamos con una percepción muy estrecha. El conocimiento no es un dador de consuelo .. es todo lo contrario. Es un perturbador y un alertador. Los líderes capaces son usualmente muy alertas y son razonablemente alterados. No están en busca de consuelo. Ellos tienen su propia serenidad interior.

La concientización general, especialmente el auto concientización, fortalece al líder servidor. La concientización también ayuda a entender las cuestiones vinculadas con la ética y los valores. Se presta a poder ver la mayoría de las situaciones desde una posición más integrada y global.

La mayoría de los líderes tienen una concientización general, pero ¿tienes la auto-concientización única que te permite ver la mayoría de las situaciones de una manera más global? Es esencial que aprendamos a establecer conexiones entre lo que sabemos y lo que creemos a lo que decimos o hacemos con el fin de dirigir con eficacia. Estoy segura que has escuchado a personas decir, si solamente "él/ella hiciera lo que dice." "Los lideres y los gerentes dicen que quieren cambiar y mejorar pero sus acciones no concuerdan con sus palabras." Y, estoy segura de que haz escuchado a líderes y a padres decir, "solo haz lo que digo, no lo que hago." ¿Haces lo que dices? ¿Les pides a otros que hagan lo que tú nunca harías? Una vez que encuentres algo

que no está bien, adivina que....tienes la
responsabilidad de arreglarlo. La solución al
problema entonces te aplica a ti también. Déjame
darte un ejemplo. Cuando vas a tu trabajo te das
cuenta que uno de tus empleados se estacionó en el
lugar para Discapacitados justo al lado de la puerta
principal. Cuando llegas a la oficina, te reúnes con el
empleado y le dices que él o ella se deben de abstener
de estacionarse en ese espacio a menos que tenga un
permiso para hacerlo. El empleado dice que estaba
apurado y que solamente entro de prisa a la oficina
para recoger un archivo antes de dirigirse a una junta.
Enseguida mandas un correo electrónico a todos en el
departamento recordándoles que el estacionamiento
para discapacitados está reservado para aquellos con
el permiso apropiado para estacionarse ahí. Al pasar
el tiempo te encuentras en la situación en la cual estas
apurado para reunirte con tu jefe pero necesitas
recoger unos documentos de la oficina. No hay
estacionamientos disponibles excepto (adivinaste) el
de Discapacitados al lado de la puerta principal.
Sabes que solo te tomará tres segundos entrar a la
oficina, tomar los documentos, y regresar al carro.
Piensas que nadie más te va a ver estacionado ahí.
¿Qué haces? Bueno, apuesto a que sabes la
respuesta, pero de todas formas ¿Qué haces? Una
persona que ha renovado sus destrezas de
concientización es capaz de ver esta situación de una

manera integral y sabe que estacionarse en ese espacio no es una opción.

Sin embargo, una persona que carece de concientización desde un principio nunca abordará el problema con el empleado que se estaciono ahí. Muchas veces las personas entierran sus cabezas en la arena (por así decirlo) solamente para decir que no tenían conocimiento del problema. Una vez más, si estás enterado…tienes que hacer algo al respecto y tal vez te vas a dar cuenta que tu solución al problema no es lo más conveniente para ti.

De acuerdo con Robert Greenleaf, "el conocimiento no es un dador de paz. Es un perturbador y un alertador." Los Líderes servidores usualmente son ambos muy conscientes y algo inquietos. Porque debido a que todos enfrentamos temas de ética y de moralidad, tenemos que trabajar en nuestra capacidad de ser consientes y de hacer lo que le pedimos a los demás. Si trabajas en una organización, ya has escuchado la queja que muchas veces las acciones del líder son contradictorias al cambio que él/ella esta requiriendo de los demás. El poder de cambiar el entorno de tu organización y su cultura es tuyo. Empieza aquí para aprender como hacer lo que dices. Te prometo, que es el viaje más corto para transformar el ambiente de trabajo y el del hogar que todos deseamos.

Lunes – Lección #1 – Apoya a los Demás

La concientización es un paso más para convertirse en un Líder Servidor más eficaz. Entre más conocimiento tienes como líder, mejor podrás saber lo es necesario hacer. Usa la siguiente lista a medida que vayas practicando la destreza de concientización. Al final del día, marca con una X cada elemento que hayas completado. Al final de la semana, vas a reflexionar en todos los pasos que seguiste para fomentar tus habilidades de concientización.

Muestra apoyo a la idea de un colega durante una junta	
Comparte información útil con un compañero de trabajo en otro departamento de la empresa quién de otra forma no lo habría recibido	
Ayuda a un compañero a terminar una presentación o a prepararse para ella	
Se sincero	
Busca oportunidades para ser una buena persona	
Da primero, recibe después	
Ofrece ayuda	
Cree en tu organización	
Esta dispuesto a aceptar un cierto grado de riesgo	

permitiéndole a un colega usar estrategias nuevas	
Celebra los pequeños errores como una experiencia de aprendizaje	
Felicita personalmente a alguien por una gran idea escribiéndole una nota personal de agradecimiento	

Martes – Lección #2 – Modela El Comportamiento Que Quieres Ver en Otros

En los capítulos anteriores hemos hablado mucho sobre la búsqueda de lo positivo. Para ser un Líder Servidor eficaz, no debes permitirte caer en las mentes negativas de los demás. Tampoco puedes pedirles a los demás que hagan lo que tú no haces. Así que, hoy vas a practicar la búsqueda de lo positivo y vas a modelar el comportamiento que deseas ver en los demás. Recuerda, es difícil romper con los viejos hábitos. La única forma de cambiar nuestro comportamiento es practicar, practicar y practicar una y otra vez. Como los hiciste ayer, por favor toma un momento al final del día de hoy para reflexionar en tus experiencias de hoy y marca con una X los elementos que hayas practicado. Como recordatorio al final de la semana, vas a repasar todas las estrategias que practicaste esta semana para poder desarrollar tus destrezas de concientización.

Identifica características positivas en otra persona	
Elogia a una persona en alguna de sus características positivas identificadas	
Actúa como si fueras parte del equipo, no siempre como si fueras el jefe	
Si haces una regla, síguela	

Se claro acerca de las expectativas propias y las de los demás	
Trata a todos con respeto	
Articula claramente los valores que guían el trabajo que haces y que guían las decisiones que tomas	

Miércoles – Lección #3 –Ayuda a Las Personas a Lograr Metas Que son Importantes para Ellas

El día tres es un poquito más fácil. Hoy, vas a trabajar en la concientización de cómo ayudar a las personas a lograr metas que son importantes para ellas. Si no sabes acerca de algo que es un problema para uno de tus colegas o en tu negocio, haz el propósito de investigar y averiguar más. Las siguientes actividades te van a ayudar a ser mas consiente en como ayudar a otros a lograr sus metas. Como es usual, marca con una X el artículo que hayas practicado hoy luego al final de la semana vas a reflexionar en lo que aprendiste y en lo que experimentaste.

Familiarízate con las prioridades, valores y posiciones expuestas por tus colegas	
Investiga y lee diariamente	
Asegúrate que tus colegas hayan fijado metas para sí mismos tanto personalmente como profesionalmente	
Haz preguntas abiertas (quién, qué, como, por qué, cuando) para que la gente se abra y comparta sus sentimientos	
¡Nunca, nunca hagas trampa!	

Jueves – Lección #4 –¡Llévalo Acabo!

La lección de hoy es sobre la necesidad de llevar acabo las cosas. Si solamente aprendes una cosa esta semana, por favor asegúrate que sea esta. Una vez que llevas acabo lo que dices que vas a hacer, entonces verás que la confianza empieza a desarrollarse. Para ser un líder que es servidor, debes de ser honesto y consciente. Practica las siguientes habilidades y marca aquellas que traten de situaciones de la vida real. Mañana es día de reflexionar así que trata de practicar todas las destrezas que puedas.

Ten respuestas a las preguntas	
Haz preguntas cuando sea posible, en lugar de hacer afirmaciones	
Mantén evidencia de apoyo documentada o archivada	
No tengas miedo decir, "No se"	
Haz lo que dijiste que ibas a hacer	
Admite tus debilidades	
No hagas promesas precipitadas que no puedes cumplir	
Lee los documentos en los que estás trabajando	

Experimenta con prototipos	
Lee las ideas y comentarios en el boletín de la empresa/organización	
Asiste a las reuniones departamentales del personal	
Habla con la gente	

Viernes – Lección #5 – Usa Herramientas de Comunicación

El viernes por fin ha llegado. Haz tenido la oportunidad de practicar una gran variedad de habilidades. Hoy vas a culminar tu semana con el desarrollo de tu biografía Toma este día para reflexionar en las Lecciones #1 - #5 y usa este momento para escribir algunos de tus pensamientos acerca de en cuales lecciones sentiste fueron difíciles y en las lecciones que sentiste fueron fáciles.

Reúne testimonies y recomendaciones y compártelas	
Prepara una biografía de dos líneas detallando tus habilidades y enlista al final un numero de contacto/teléfono	
Comparte tu información con amigos y colegas	
Incrementa el apoyo para la mayor meta de tu organización	
Enfoca tus reuniones en el objetivo más importante	
Comunica compromiso hacia las ideas, innovación, y crecimiento en aquellos con los que trabajas y aquellos que trabajan para ti	
Crea un mapa visual para mover la organización de la cultura actual a una nueva	

Prepara un informe acerca de temas importantes, problemas, debilidades, y oportunidades por las que la organización/hogar está pasando	

Diario

Capítulo 5
Persuasión-¿Tratas de Convencer a los Demás?

Semana 5 – Persuasión

La característica número cinco de un liderazgo de servicio es la persuasión. El Líder Servidor se basa principalmente en tomar decisiones dentro de una organización basadas en la persuasión en lugar de la autoridad posicional. En otras palabras, nunca vas a escuchar a un Líder Servidor decir, "hazlo porque yo soy el jefe y porque yo lo digo." Un Líder Servidor efectivo trabaja para convencer a los demás en vez de obligarlos a cumplir. Este particular elemento ofrece una de las distinciones más claras entre el modelo tradicional autoritario y el concepto de liderazgo de servicio. La técnica de convencer en lugar de obligar es una de las maneras más eficaces con la que un Líder Servidor puede crear acuerdos dentro de grupos.

El Líder Servido ha aprendido que no vale la pena crear una tormenta en un vaso de agua acerca de un problema o iniciar un movimiento de protesta. El Líder Servidor usa métodos de persuasión suaves pero claros y persistentes. El liderazgo de persuasión tiene la virtud de cambiar por medio del convencimiento en vez de la coacción.

La acción transparente, justa y consistente por parte de líderes puede invitar y persuadir a los demás a participar en la comunidad de una organización. La persuasión se forma cuando se obtiene un sentimiento de justicia. Por lo tanto, la persuasión es finalmente acerca de las relaciones. Entre más habilidades tengas, serás más capaz de atraer a otros a tu lado cuando quieras su apoyo. La buena noticia es que, no necesitas ser un vendedor hábil para ser persuasivo. Un Líder Servidor simplemente tiene la capacidad de ver las cosas claramente desde el punto de vista de otras personas.

Los Lideres Servidores eficaces que son grandes persuasores no se preguntan "¿Quien me puede ayudar?" sino que se preguntan, "¿A quién puedo ayudar?" Hay algunas técnicas básicas que te pueden ayudar a desarrollar tus habilidades persuasivas. Prueba los siguientes consejos y marca con una X los elementos que usas diariamente. Al final de la semana vas a reflexionar acerca de tu jornada a través de la destreza persuasiva.

Lunes – Lección #1 – Crea Transparencia

Es el principio de una nueva semana y el principio de nuestro ejercicio para ser más persuasivo. La persuasión es un paso más para llegar a ser un Líder Servidor más efectivo. Conforme pasa el día, se consciente de que tan transparente es tu posición. La transparencia se trata de ser abierto, honesto y responsable. Es responsabilidad. La gente está escuchando y haciendo evaluaciones y decisiones acerca de lo que dices y de lo que haces. Por lo tanto, debes asumir la responsabilidad de los mensajes que envíes a los demás. Usa la siguiente lista a medida que practiques el arte de la persuasión. Luego de hacer algunas de estas actividades, vas a ver que la transparencia no es más que decir la verdad. Sin embargo, algunas veces es difícil decir la verdad porque no nos gusta hacer que otras personas se sientan mal o admitir errores. Pero, adoptar la transparencia te va a ayudar a ser más abierto, honesto, y responsable y a tener una mejor conexión con los demás. Al final del día, marca con una X los elementos que hayas completado. Al final de la semana, vas a reflexionar en todos los pasos que tomaste pare mejorar tus habilidades persuasivas.

Habla de lo que sabes	
Haz una lista de personas con que quieres ir que se especializan en áreas en las cuales no estás familiarizado	
Ten tu propia opinión pero al mismo tiempo mantente abierto a otros puntos de vista	
Se responsable de la información que compartes	
Cuando des tu opinion, piensa en las implicaciones	
Se sincero	
Haz públicos todos los detalles pertinentes	
Se oportuno y sensible	
Piensa en la comunidad	
Conoce a tu audiencia	

Martes – Lección #2 – Practica la Justicia

Bueno, el día dos está delante de nosotros y ya has tenido un poco de práctica con la transparencia. Ahora, necesitas practicar como enfocarte en los atributos positivos de otras personas. La justicia ocurre cuando el líder cumple lo que le promete a varias personas. Un gran líder servidor toma decisiones que son justas. Además, el líder debe comunicarse efectivamente con los demás para que así ellos puedan entender los contextos de las decisiones que se han tomado. De lo contrario, es probable que los demás solo vean una parte de la situación y pueden sentir que la decisión fue injusta. Así como lo hiciste ayer, por favor toma un momento hoy para reflexionar en tus experiencias y marca con una X los elementos que hayas practicado. Si quieres ser un mejor líder, enfocándote en la justicia es una buena forma de empezar. Aquí están algunas cosas que puedes intentar.

Dale siempre a la gente el reconocimiento que se merece	
Comunícate claramente con los demás	
Escucha a otros	
Garantiza que las normas y las pólizas sean seguidas por todos	
Mantén privacidad y respeto	

Practica lo que predicas	
Se abierto y honesto acerca de las razones detrás de tus decisiones	
Crea procesos que le permitan a la gente entender como se toman las decisiones	
Escucha ambas partes de la historia	
Asegúrate de darle a cada uno la oportunidad de ser escuchado	

Miércoles – Lección #3 – Desarrolla Consistencia

Es el día tres y estoy segura de que ya estas figurando el proceso. Haz practicado transparencia y justicia. Además de estas destrezas, para poder ser persuasivo, debes de poder ser consistente. Para mucha gente, el peor tipo de líder no es aquel que es duro, estricto, o exigente. Las personas pueden adaptarse a casi a cualquier estilo de liderazgo, siempre y cuando sepan que esperar. La gente encuentra difícil de seguir a un líder cuyo comportamiento y decisiones difieren día con día. A las personas también se les dificulta trabajar con un líder que trata diferente a las personas basado en su estado de ánimo en ese momento. El Líder Servidor debe mantener un conjunto de valores sólidos, predicar con el ejemplo y comunicarse efectivamente con los demás. ¿Cómo te mantienes persistente? Los siguientes son algunos consejos para seguir durante el día. Como de costumbre, marca con una X los elementos que hayas practicado hoy luego al final de la semana vas a reflexionar en lo que aprendiste y en lo que experimentaste.

Usa un calendario para planear	
Ríndele cuentas a alguien	
Identifica tu conjunto de valores más importantes	
Date recordatorios tangibles a ti mismo	

Practica paciencia	
Espera desafío	
Haz un compromiso	
Desarrolla un sistema de renovación	
Adhiérete a lo básico	
Predica con el ejemplo	

Jueves –Lección #4 –Desarrolla Consensos

La lección de hoy es acerca de cómo desarrollar acuerdos dentro de tu organización y/o en tu hogar. Para ser un líder quién sirve, debes de ser persuasivo y ser capaz de desarrollar consensos. La palabra consensos viene de la raíz en latín que significa, "pensamiento compartido." Sin embargo, el consenso no que vayas a alcanzar un acuerdo completo. Pero si significa buscar una decisión con la que todos se sientan razonablemente cómodos. Para lograr esto, todos van a necesitar una oportunidad justa para compartir sus opiniones. El desarrollo de acuerdos resuelve el conflicto y crea la energía necesaria para las personas que trabajan en un objetivo común. Practica las siguientes destrezas y marca con una X aquellas que practicas en situaciones de la vida real. Mañana es día de reflexionar así que trata de practicar todas las destrezas que puedas.

Organiza las discusiones para que mantengan el enfoque	
Enlista los temas en un papel	
Escucha las opiniones de otros	
Habla abiertamente sobre el conflicto	
Reconoce y valora los diferentes puntos de vista	
Continua haciendo preguntas	

Continua enlistando	
Reduce la larga lista usando el acuerdo	
Habla cuidadosamente sobre las soluciones restantes	
Procede a una votación y considera las soluciones restantes	
Discute un poco más las áreas de desacuerdo	
Procede a una nueva votación	
Discute los resultados – permitiendo que todos sean escuchados	
Pregunta, "¿Podemos todos apoyar la decisión?"	

Viernes – Lección #5 – Crea Relaciones

    ¡Lo hiciste! Es viernes y has tenido la oportunidad de practicar una variedad de destrezas. Como suele ocurrir en el caso de la persuasión, lo que haces primero es importante. Un componente clave para ser persuasivo es la fuerza de tus relaciones con aquellos con quien trabajas y con quien vives. Los Líderes Servidores exitosos tienen la habilidad de construir relaciones que perduran. En el entorno económico actual, todos tenemos que construir relaciones de trabajo exitosas e interactuar con las personas de una forma positiva para poder lograr nuestros objetivos. Ahora, descubre las formas en las que puedes construir tus destrezas básicas que son fundamentales para crear una relación sólida.

Equilibra el dar y recibir	
Habla menos, escucha un poquito mas	
Evita el chisme	
Practica el perdón	
Reconoce cuando guardar silencio	
Se digno de confianza	
Establece metas y expectativas realísticas	
Mantente positivo	
Comunícate mejor	

Resuelve el conflicto	
Acepta las diferencias en los demás	
Elogia a los demás por un trabajo bien hecho	
Sirve como apoyo	
Anima a los demás	

Diario

Capítulo 6
Conceptualización – ¿Sueñas en Grande?

Semana 6 – Conceptualización

La conceptualización es la capacidad de ayudar a otros a soñar en grande. El líder servidor busca fomentar la capacidad de tener grandes sueños en él/ella y en los demás. La capacidad de conceptualizar le permite a los Lideres Servidores crear una visión en la cual conducen organizaciones a lograr sus objetivos de una manera eficaz. Los Lideres Servidores necesitan tener la habilidad de ver el panorama total. Además, el Líder Servidor necesita afirmar y ajustar las metas, evaluar, analizar y prever los problemas antes de que ocurran. El Liderazgo de Servicio se relaciona con caminar adelante para enseñar el camino, es más conceptual que operativo. Las personas que conceptualizan son aquellas quienes tienen habilidades refinadas en la persuasión y la construcción de relaciones.

La habilidad de ver un problema o una organización desde una perspectiva de conceptualización requiere que el líder vaya más a allá de las realidades de día con día. Para muchos líderes esta es una característica que requiere disciplina y práctica. El Líder Servidor es llamado a buscar un equilibrio único entre el pensamiento conceptual y un enfoque de día con día de lo que podría venir en el futuro mientras, al mismo tiempo, mantiene las actividades diarias de la organización.

La conceptualización es el proceso de pensar y organizar ideas. Este proceso empieza con el aprendizaje de hechos y progresa a conceptos que ayudan al desarrollo de la teoría. El Líder Servidor debe tener la capacidad de establecer metas que consideren posibilidades futuras. Con el fin de desarrollar la capacidad de conceptualización, el Líder Servidor debe de mantenerse positivo y al mismo tiempo realístico. Para esto se necesita cierta habilidad. Es fácil para nosotros crear metas extravagantes, ¿pero las vamos realmente a poder alcanzar? También es fácil tener pequeños sueños y crear metas simples que podemos alcanzar de inmediato. Estas pequeñas metas son buenas pero nosotros los líderes efectivos somos capaces de hacer metas a largo plazo que son difíciles pero no imposibles de alcanzar. Con el fin de establecer este tipo de meta el líder debe tener la capacidad de usar una variedad de destrezas. Esta semana, vamos a trabajar hacia el desarrollo de de todas las destrezas necesarias para llegar a ser un gran Líder Servidor capaz de conceptualizar.

Lunes – Lección #1 – Establece Metas

Ahora estamos empezando la semana 6 y el principio de nuestro ejercicio para mejorar nuestros esfuerzos de conceptualización. A diferencia de otras habilidades, la conceptualización es un poco difícil de ver. Sin embargo, esta guía te proporcionará algunas actividades que te permitirán desarrollar aún más esta difícil destreza. Hoy, estarás pensando como establecer metas personales y profesionales para ti mismo y como puedes ayudar a otros a establecer metas. El establecer metas es un proceso de gran alcance para convertir tu visión en realidad. El proceso de establecer metas nos ayuda a escoger lo que es importante para nosotros. Alcanzar nuestras metas puede ser increíblemente motivador y puede fomentar el auto-estima. Al final del día, marca con una X los elementos que hayas completado. Al final de la semana, vas a reflexionar en todos los pasos que tomaste para mejorar tus destrezas de conceptualización.

Establece metas personales y profesionales	
Crea una "visión en grande" de lo que quieres hacer con tu vida	

Establece objetivos para alcanzar tus metas	
Declara cada meta de una forma positiva	
Sé preciso enlistando fechas para las cuales debes de haber alcanzado tus metas	
Establece prioridades	
Escribe tus metas en papel	
Mantén objetivos pequeños	
Establece metas realísticas	
Motívate a ti mismo	
No te autoestimes	
¡Deja de procrastinar!	
Empieza con lo que disfrutas luego trabaja en lo que es más difícil para ti	

Martes – Lección #2 – Organízate

Bueno, el día dos está delante de nosotros y ya has tenido un poco de práctica estableciendo metas. Ahora, vamos a alcanzar esas metas organizándonos. Nosotros somos nuestros peores enemigos cuando se trata de organizarnos. Tenemos la tendencia de convencernos que necesitamos cosas que no hemos usado en cinco años. El Líder Servidor es organizado para hacer su vida más funcional y eficiente. Usa los siguientes consejos para desarrollar un sistema de organización que funcione para ti. Como recordatorio, al final de la semana, vas a repasar todas las estrategias que has practicado esta semana con el fin de desarrollar tus habilidades de conceptualización.

Establece un sistema de archivos	
Usa diferentes colores para sus archivos	
Usa un calendario y un planificador	
Usa recordatorios para ti mismo	
Escribe una lista de las cosas que tienes que hacer	
Realiza primero los proyectos que no quieres hacer	
Termina una tarea antes de comenzar otra	
Maneja tu tiempo	
Delega responsabilidades	

Abre tu correo diariamente	
Usa correo de voz para ayudarte a establecer las llamadas que son prioridades	
Reduce el desorden	
Organiza los archivos conforme a su prioridad	
Establece citas semanales para cosas como as el ejercicio y la planificación de los alimentos	
Reserva la computadora portátil para archivos que usas diariamente	
Crea carpetas en la computadora para los documentos	
Si viajas frecuentemente, ten un maletín listo con lo más necesario para viajar	
Alista tu ropa para siguiente día desde la noche anterior	

Miércoles – Lección #3 – Analiza la Situación

La lección de hoy es en analizar la situación. Por favor asegúrate que documentes tu análisis en tus notas. Como es usual, marca con una X los elementos que hayas practicado hoy luego al final de la semana vas a reflexionar en lo que aprendiste y en lo que experimentaste.

Analiza los seguidores	
Reúne información concerniente a los seguidores como por ejemplo sus deberes y responsabilidades dentro y fuera del trabajo	
Formula metas y objetivos	
Comunica los valores fundamentales de la organización	
Dale un vistazo a la historia de la situación	
Prepara una lista de Fortalezas, Oportunidades, Debilidades y Amenazas y analízalos	
Examina la estrategia de la organización	
Haz recomendaciones	

Jueves – Lección #4 –Monitorea el Progreso

La lección de hoy se basa en el análisis que hiciste ayer. Una vez que hayas analizado la situación y hecho recomendaciones, vas a necesitar monitorear el progreso. Una vez que todos en la organización sepan lo necesitan hacer, es necesario que haya monitoreo con el fin de saber lo que se está hacienda. Los proyectos pueden ser difíciles de manejar y un poco desorganizados si no hay alguna forma de chequeo. El chequeo debe estar basado en las metas y los plazos establecidos. Practica las siguientes habilidades y marca con una X las que tratan de situaciones de la vida real. Mañana es día de reflexionar así que trata de practicar todas las destrezas que puedas.

Elige materiales apropiados para la comodidad de los seguidores y la familiaridad con la organización.	
Programa reuniones de revisiones periódicas	
Revisa los datos	
Afina el plan	
Obtén ayuda de los demás	
Evalúa la velocidad del progreso del plan	

Identifica las oportunidades para mejorar	
Marca las tareas que has sido exitosamente completadas	
Realiza visitas a diferentes sitios de la organización	
Proporciona información	

Viernes – Lección #5 – Planea y Evalúa

¡Lo hiciste! Es viernes y has tenido la oportunidad de practicar una variedad de destrezas. La evaluación del programa es recopilar información cuidadosamente para tomar decisiones y recomendaciones necesarias. Las evaluaciones pueden identificar las cualidades de un programa y las debilidades que pueden llevar a mejorar los programas. Las evaluaciones también le pueden verificar al Líder Servidor de que lo que estás haciendo es lo que tú crees que estás haciendo. Puede verificar si los programas se están siendo implementados como se planearon.

Revisa las metas	
Evalúa tus esfuerzos con el fin de mejorar y promover la eficacia	
Usa cuestionarios, encuestas, entrevistas, etcétera	
Tabula la información para compartirla más fácilmente	
Lee todos los datos cuidadosamente	
Organiza datos	
Identifica patrones de respuestas	
Redacta conclusiones y haz recomendaciones	

Organiza reuniones de planificación	
Determina si los seguidores están creciendo personal y profesionalmente	
Lleva acabo una evaluación de las necesidades	
Prepara un análisis de costo/beneficio	
Determina la efectividad del plan	

Diario

Capítulo 7
Previsión – ¿Tienes una Mente Intuitiva?

Semana 7 – Previsión

Tener previsión significa tener la habilidad de entender lecciones del pasado. Un líder servidor debe tener la habilidad de prever o conocer el resultado probable de una situación. Esperemos, que no solo estés adivinando en tu paso por la vida y que estés esperando lo mejor. Los lideres pueden desarrollar la habilidad de prever por medio de sus experiencias and el trabajo y en la vida. Todos nosotros tenemos previsión; solamente tenemos que desarrollar la habilidad de reconocerla con el fin de resolver los problemas que son creativos, emocionales, intelectuales o prácticos.

Robert Greenleaf dice, "es mejor que una suposición promedio acerca de lo que va a pasar." El dice, "es la iniciativa que tiene el líder." Y continua diciendo: "La previsión es vista como un proceso totalmente racional, el producto de una computadora interior que está funcionado constantemente que se ocupa de una serie de intersecciones internas hechas sin pensar y que son mucho más complicadas que cualquier cosa que la tecnología haya producido."

Prever significa ver lo que está sucediendo ahora y compararlo con lo que ha sucedido en el pasado y el resultado que esto trajo. Al mismo tiempo, el líder tiene que proyectar lo que sucederá en el futuro. Es esencial que los líderes desarrollen esta habilidad ya que tiene el poder de transformar organizaciones y vidas.

Una persona que ve hacia el futuro tiene la capacidad de analizar cualquier situación con la previsión necesaria para tomar decisiones. La previsión es una característica que permite al líder servidor comprender las lecciones del pasado, las realidades del presente y las posibles consecuencias para el futuro de una decisión. Para poder realmente ser bueno en prever, uno debe desarrollar una mente intuitiva. Hay muchas maneras para desarrollar la habilidad de previsión. Algunas pueden funcionar y otras no. La clave es intentar tantas como sea posible para poder encontrar con las que te sientes más cómodo.

Sigue algunas de las sugerencias de la lección de esta semana y vas a empezar a desarrollar tu mente intuitiva para mejorar tu habilidad en la destreza de previsión.

<u>*Lunes – Lección #1 – Enfócate en el Problema*</u>

Es el principio de una nueva semana y hoy vamos a empezar aprendiendo y practicando el concepto de prever. La previsión es un paso importante para poder ser un líder servidor eficaz. A medida que pasas el día de hoy, se consciente de cómo prestar especial atención al problema en cuestión. Usa la siguiente lista, a medida que practiques el arte de previsión. Después de hacer algunas de estas actividades, te vas a sentir más preparado para lo que venga mañana. Al final del día, pon una X en cada elemento que hayas completado. Al final de la semana, vas a reflexionar en todos los pasos que te tomó pare mejorar tus destrezas de previsión.

Identifica el/los problema(s)	
Ordena los problemas de acuerdo a su prioridad	
Revisa la misión de la organización	
Elimina cualquier problema que no esté relacionado con la misión y visón de tu organización	
Haz una cosa a la vez	
No pospongas las cosas	
Haz una lista de cosas por hacer	
Pide ayuda	

Proporciona un ambiente de trabajo más organizado	
Usa dispositivos para cancelar en ruido, si es necesario	
Crea soluciones que proporcionen un mejor ambiente de trabajo	
Cuídate a ti mismo	
Proporciona retroalimentación positiva	
Respira profundamente, sonríe, y exhala	
Equilibra tu estado emocional y mental	

Martes – Lección #2 – Analiza tu Entorno

Ahora es el momento de que practiques analizando tu situación para ayudarte a desarrollar más la previsión. Como los hiciste ayer, por favor toma un momento al final del día para reflexionar en tus experiencias y pon una X en los siguientes elementos que hayas practicado. Como recordatorio, al final de la semana, todas las estrategias que hayas practicado esta semana con el fin de desarrollar tus habilidades para de previsión.

Mira interna y externamente a tu organización para identificar lo que está en el horizonte que pueda impactar los problemas que identificaste ayer	
Decide si el cambio es sociológico, tecnológico, económico, ambiental, y/o político	
Identifica las fuerzas que impulsan el cambio	
Trata de determinar el futuro POSIBLE	
Trata de determinar el futuro PROBABLE	
Trata de determinar el futuro PREFERIDO	
Enlista todas las fuerzas que impulsan el cambio	
Comunícate efectivamente con los demás	
Participa en la planeación y en hacer cambios	
Apoya a otros	
Escucha más	

Negocia para que los objetivos de los miembros coincidan con los objetivos de la organización	

Miércoles – Lección #3 – Establece la Visión

Hoy es el día tres y estas empezando a entender la previsión. Hay por lo menos cinco beneficios por tomarse el tiempo para identificar alternativas para el futuro. En primer lugar, es menos probable que te sorprendas con el futuro. Segundo, tu organización va a estar mejor preparada para enfrentar el futuro con éxito. Tercero, esto anima a una organización a pensar en las suposiciones presentes. Cuarto, esto le permite a una organización conducir un análisis de "si…entonces". Finalmente, en quinto lugar, la organización puede planear y actuar de manera diferente ahora. Hoy, vas a trabajar en establecer la visión. Muchas oportunidades se presentaran; sin embargo, cuando decidimos hacia dónde va la organización, puedes estar seguro de cuales actividades son las apropiadas y cuáles son las equivocadas. Necesitas asegurarte que las oportunidades que tomas llevaran a hacer un gran uso de las habilidades de la organización. Una visión es un catalizador que alinea a las personas en las actividades a través de la organización. Además, una visión va a facilitar el establecimiento de metas y la planificación. Una visión también le dará rienda suelta a la energía que encarna los valores centrales de la organización. Como de costumbre, marca con una X los elementos que hayas practicado hoy luego al final de la semana vas a reflexionar en lo que hayas aprendido y experimentado.

Prevé el futuro de tu organización	
Anota las imágenes que te vienen a la mente	
Dile a las personas cuál es tu visión especifica	
Describe cómo se va a ver tu organización dentro de seis meses	
Revisa tus valores fundamentales	
Crea una visión clara y consistente	

Jueves – Lección #4 –Desarrolla un Plan

Ahora que ya has previsto el futuro y establecido una visión, la lección de hoy te va a ayudar a desarrollar un plan que va a poner la visión en movimiento y dirección y continuara ayudándote para desarrollar tus habilidades de previsión. Es importante que el proceso de previsión conecte el futuro deseado de la organización tal y como esta en este momento. Es una forma decir, "Aquí es donde estamos y aquí es donde queremos estar en el futuro. Y, este es el plan con el que vamos a llegar ahí." Para ser un líder servidor debes de tener la habilidad de envisionar y planear. Practica las siguientes habilidades y marca con una X las que traten de situaciones de la vida real. Mañana es día de reflexionar así que trate de practicar todas las que puedas.

Enfoca tu atención en el presente	
Considera la serie de posibles futuros – ¿Cuál es el mejor para la organización?	
Desarrolla metas especificas y estrategias para mover la organización en la dirección deseada	
Organiza e implementa una sesión de planificación de desarrollo	
Actúa como facilitador	
Incluye a otros en la formulación del plan	

Define el propósito	
Enlista los Factores Críticos Para el Éxito	
Establece prioridades y desarrolla e implementa un calendario	
Usa el plan final como una herramienta operacional para definir el estatus presente de la organización y sus posibilidades futuras	

Viernes – Lección #5 –Pon el Plan en Acción

Es viernes y has tenido la oportunidad de practicar una variedad de destrezas. El último paso para desarrollar la previsión es poner el plan en acción. Como cualquier proceso de planeación, la comunicación es esencial para envolver a las personas quienes serán vitales para la implementación exitosa del plan. El último paso no significa que la organización termino con el plan. La previsión tiene que seguir siendo utilizada con el fin de de identificar cambios futuros en el entorno y alimentar esta información dentro de la organización. Como te has podido dar cuenta hasta ahora, la previsión requiere el deseo de aprender, una cierta cantidad de flexibilidad, humildad, y balance. Toma este día para reflexionar en las Lecciones #1 - #5 y usa este momento para escribir algunos de tus pensamientos acerca de en cuáles lecciones sentiste fueron difíciles y en las lecciones que sentiste fueron fáciles.

Define que procesos cambiaran	
Determina como será evaluado el progreso del plan	
Indica quien será responsable de cuales estrategias	
Marca los artículos que hayas completado en tu lista de "pendientes"	

Supervisa la aplicación del plan	
Revisa y evalúa el plan anualmente	
Crea nuevas oportunidades basadas en las evaluaciones	

Diario

Capítulo 8
Administración- ¿Eres un Buen Administrador?

Semana 8 - Administración

¿Cómo cuidamos de las cosas que son más importantes? La administración se describe como cuidar algo que alguien más nos confía. Todos nosotros somos administradores de los que nos rodean. Somos administradores de nuestra familia, nuestros colegas, nuestros amigos y nuestras organizaciones. El arte del Liderazgo de Servicio nos requiere ser administradores no solo de los bienes y los legados, pero también del ímpetu, la eficacia, el civismo, y los valores.

La mayoría de las personas batallan para entender lo que la administración realmente significa. Para algunos, significa hacer el presupuesto y ahorrar dinero. Para otros significa desarrollar independencia financiera. Sin embargo, administración significa simplemente cuidar algo que alguien más nos confía. Todos los miembros de una organización o institución deben de jugar un roll significante en cuidar lo que las instituciones les han confiado. El Líder Servidor se preocupa por el bienestar de la institución sirviendo las necesidades de los demás y por el bien de la sociedad en general. El Líder Servidor es responsable también de la correcta utilización y del desarrollo de los recursos necesarios en la organización (incluyendo las personas). Un Líder Servidor eficaz, mientras está usando la destreza de administración, sirve a otros mientras se concentra lograr los objetivos de la organización. Los líderes usan la colaboración, la confianza, y la empatía con el fin de servir mejor a los demás con el objetivo de impulsar el crecimiento de aquellos dentro de la organización y de aumentar el trabajo en equipo y la participación personal.

El Líder Servidor entiende y acepta la necesidad de hacer una contribución a la sociedad. A través del servicio, estos líderes tienen la capacidad de ser administradores del los bienes públicos. La administración incluye la responsabilidad personal del líder para manejar su vida y asuntos con el debido respeto de los derechos de otras personas y por el bienestar común de la organización y de la sociedad. Los Lideres Servidores eficaces son personas confidentes, valientes, y competentes y saben como ser buenos administradores de lo que se les ha dado. La administración describe un compromiso de atender las necesidades de los demás utilizando el uso de la disponibilidad y la persuasión en vez del control.

Estas invitado a iniciar un nuevo viaje hacia la administración mediante la práctica de los siguientes consejos de esta semana. Todos nos deberíamos de preguntar cuál es nuestro papel en hacer los cambios necesarios para mejorar nuestras organizaciones y a nosotros mismos.

Lunes – Lección #1 –Trabaja de Forma Inteligente

Es el principio de una nueva semana y el principio de nuestro ejercicio para ser un administrador más eficaz. ¿Terminas el día queriendo que hubiera más horas? Si es así, hay formas de obtener más de tu día sin la necesidad de tener más horas. Al final del día marca con una X los elementos que hayas completado. Al final de la semana vas a reflexionar en todos los pasos que seguiste para mejorar tus habilidades de administración.

Investiga oportunidades para voluntarios para contribuir a tu organización	
Trata los empleados como adultos	
Escribe mas, habla menos	
Toma un momento para pensar	
Empieza las juntas a tiempo	
No tengas juntas que duren más de dos horas	
Enseña a los empleados la importancia de equilibrar el trabajo y las responsabilidades del hogar	
Organiza lugares de trabajo dentro de tu organización	
Crea y mantén un horario	
Mantén breves todas las llamadas telefónicas y mantente en el tema apropiado	

Ten cuentas de correo electrónico separadas para el trabajo y para lo personal	
Establece límites de tiempo para trabajar en una tarea especifica	
Mantén marcados tus sitios favoritos de internet	
Organiza tu día para incluir descansos y hora de comer	
Mantén tu escritorio limpio y organizado	

Martes – Lección #2 –Explora Financiamiento Poco Tradicional

Bueno, el día dos está delante de nosotros y ya has tenido un poco de práctica trabajando de forma inteligente para ser un administrador eficaz y un Líder Servidor. Ahora, vamos a buscar formas de como explorar financiamiento poco tradicional. Como recordatorio, al final de la semana, vas a repasar todas las estrategias que ha practicado esta semana con el fin de desarrollar tus habilidades administrativas.

Desarrolla una relación con tus proveedores	
Asiste a tantos eventos sociales como te sea posible	
Planea eventos orientados a causas	
Establece una alianza con los clubes de servicio	
Busca oportunidades de financiamiento	
Establece alianzas con fundaciones	

Miércoles – Lección #3 – Explota la Tecnología

    ¿Explotar la tecnología? Si, a eso me refiero explotarla. Vivimos en un nuevo mundo de tecnología y es hora de que todos usemos la tecnología disponible. La tecnología puede ser intimidante pero solo ve a un niño de ocho años y vas a ver que él/ella puede usar la computadora, no hay razón por la cual nosotros no podamos. No tengas miedo de hacerles preguntas a aquellos que usan la tecnología más que tu. Ellos siempre están disponibles a compartir lo que saben. Los siguientes consejos te van a ayudar en tu búsqueda para explotar la tecnología de hoy.

Vuelve a pensar el modelo de tu negocio para el siglo 21	
Explora evolucionar a los negocios por internet (e-Business)	
Investiga la importancia de bienes intangibles	
Integra tecnología nueva	
Explora el rediseño de los procesos de negocio usando la internet	
Asiste a seminarios de capacidad tecnológica	

Jueves – Lección #4 –Ahorra, Ahorra, Ahorra

La lección de hoy es una de las lecciones más difíciles en nuestro entorno económico. Sin embargo, es una de las más importantes. ¿Cómo equilibrar la responsabilidad financiera con el dar sacrificadamente? Tenemos que hacer una distinción entre la responsabilidad financiera y la imprudencia financiera. Los siguientes consejos te van a ayudar a ver un poco mejor tu situación financiera.

Anticipa necesidades futuras y ahorra para ellas	
No gastes en indulgencias de corto tiempo sin pensar en ahorra para las necesidades próximas del el futuro de la compañía	
Busca formas de ahorrar sin reducir tus donaciones	
Revisa el presupuesto y busca maneras de reducir gastos	
Evalúa tus patrones de gasto	

Viernes – Lección #5 – Da, Da, Da

¡Lo hiciste! Es viernes y esta semana has tenido la oportunidad de practicar una variedad de destrezas. El ahorro puede ser sabio pero nunca puede sustituir el dar. Si nosotros sentimos que no podemos dar y ahorrar, entonces debemos de dar por todos los medios. En realidad, dar generosamente no es solamente compasivo, es también responsable. Los consejos enlistados te ayudaran a ver formas en como puedes dar. Marca con una X aquellas que hayas intentado hoy luego reflexiona en la lección de toda la semana.

Limpia tus oficinas y dona los muebles viejos, objetos que ya no uses	
Da con sabiduría	
Selecciona una cause digna que este directamente relacionada con la misión y visión de tu empresa	
Permite que los empleados tengan tiempo para que sean voluntarios en la comunidad	
Establece alianzas con organizaciones locales sin fines de lucro	
Programa tu tiempo para ser voluntario en escuelas locales, sin fines de lucro, bibliotecas, u organizaciones comunitarias	

Diario

Capítulo 9
Crecimiento de las Personas – ¿Fomentas el Crecimiento de Otros?

Semana 9 – Crecimiento de las Personas

El crecimiento puede ser personal o profesional. En nuestra época no es suficiente que las organizaciones ofrezcan a sus empleados sueldos y vacaciones. Las personas tienen un valor interno y esperan sentirse realizados personalmente y profesionalmente en su trabajo. El Líder Servidor lo sabe y está comprometido con el crecimiento de las personas. El Líder Servidor se dedicará el mismo o ella misma a servir las necesidades de los miembros de la organización mientras los miembros se están desarrollando para sacar lo mejor de ellos. Un verdadero Líder Servidor desarrollara la habilidad de alimentar las partes personales, profesionales, y espirituales de aquellos con quien ella/el trabaja y vive. Estar interesado en el crecimiento de una persona por lo general se traducirá en mayor respeto, dedicación, y lealtad. Mas importante aun, va a desarrollar una contribución a la organización y a la sociedad más productiva, satisfactoria, y eficaz.

El Líder Servidor está comprometido con el crecimiento individual de los demás y va a trabajar intencionalmente para alimentarlos. Debemos de recordar que las muestras de un Líder Servidor sobresaliente se pueden ver en sus seguidores. ¿Están alcanzando su potencial los seguidores? ¿Están aprendiendo los seguidores? ¿Están siendo servidores los seguidores? El Líder Servidor en realidad sirve como un seguidor que guía modelando, enseñando, y ayudando a los demás para que sean mejores seguidores. Este proceso crea un liderazgo basado en la administración y en el servicio lo contrario a un liderazgo directo basado en reglas y jerarquía.

Cultivar y educar a los demás es un proceso continuo que promueve el crecimiento en las personas y en las organizaciones. Fomentar el liderazgo a muchos niveles es una de las funciones principales del Líder Servidor porque el Líder Servidor eficaz reconoce la responsabilidad de hacer todo lo posible para mejorar el crecimiento de los empleados y de los demás. Existe una firme creencia de que las personas tienen un valor como personas y como trabajadores. Estar comprometido con el crecimiento de cada individuo en una institución conducirá al crecimiento de la institución. Además, el crecimiento del propio líder es facilitado por el crecimiento de los demás.

Un Líder Servidor no ve el liderazgo como una posición o como un estatus, sino como una oportunidad para servir a los demás, para desarrollar en ellos su mejor potencial. Greenleaf creía que en el objetivo final de la servidumbre era ayudar a otros a ser servidores ellos mismos así para que la sociedad se también beneficiara. En el servicio de liderazgo, el crecimiento personal no está limitado a los seguidores, sino que el líder también se beneficia del proceso de desarrollo.

Lunes – Lección #1 – Motiva A Tu Personal

El crecimiento personal no es una de esas cosas que puedes aprender y después olvidar. Por el contrario, es una ideología en la que tanto el líder como el seguidor deben estar de acuerdo. Usando esta ideología, el líder se convierte en un ejemplo que ayudará a motivar a los demás. Hoy, vas a practicar la habilidad de motivar con el fin de mejorar el crecimiento de las personas. Para poder averiguar qué tan eficaz líder eres, solamente debes de ver a los seguidores y ver cuanto han crecido bajo tu liderazgo. La siguiente es una lista de actividades que vas a realizar hoy que te van a ayudar en tus destrezas de motivación. Después de intentar realizarlas, márcalas con una X a la derecha.

Establece una Política de "Puertas Abiertas" donde cualquier persona puede reunirse contigo para discutir diferentes temas	
Ofrece horarios flexibles para motivar a los empleados a participar en actividades de crecimiento	
Si es posible, ofrece reembolso de matriculación en clases de universidad	
Ofrece recompensa financiera por un mejor desempeño en el trabajo	
Realiza asignaciones de trabajo que sean interesantes y desafiantes	

Crea un equipo	
Brinda apoyo a aquellos que tratan de crecer	
Elogia hasta el mínimo logro	
"Aplasta" las actitudes negativas	
Crea oportunidades de trabajo que permitan a los empleados sentirse satisfechos con su trabajo	

Martes – Lección #2 –Crea Oportunidades Para Aprender

En la sociedad de hoy impulsada por la información, la organización que emplea las personas mejor informadas van a estar mejor preparadas para competir. El crecimiento personal es el catalizador que le va a permitir a una organización competir y crecer. El líder puede tener el mayor impacto en si sus empleados buscan o no el crecimiento. La oportunidad es un factor ambiental que el líder puede crear. Hoy, intenta hacer algunas cosas que te ayuden a mejorar oportunidades de aprendizaje para tu personal. A su vez, estas oportunidades pueden contribuir al objetivo de fomentar el crecimiento en las personas.

Pon a disposición del personal recursos por escrito	
Anima a los empleados a usar su tiempo libre para leer	
Regístrate para recibir listas de correo de organizaciones	
Anima a los empleados a asistir a escuelas superiores técnicas o a la universidad	
Pon el ejemplo tomando algunos cursos/clases	
Invita al representante de una universidad o	

escuela técnica a tu próxima junta de trabajo	
Organiza grupos de estudio de libros	
Programa seminarios y clases dentro de la organización	

<u>Miércoles – Lección #3 – Establece Metas</u>

Una parte importante de ayudar al crecimiento de los demás es ayudar a tus colegas a establecer metas para ellos mismos. Las metas representan nuestras expectativas, nuestras esperanzas y nuestros sueños. Cuando creamos metas, estamos prediciendo el futuro y estableciendo nuestro destino. Pensar en establecer metas es como dibujar un mapa. Vas a llegar a tus metas si primero sabes exactamente donde estas y a donde quieres ir. Las metas dirigen nuestro enfoque, así que hazlas de gran alcance. Las siguientes ideas te van a ayudar a establecer metas en tu vida, así como te van a permitir ayudar a otros a establecer metas en sus vidas.

Establece una meta– luego muévela	
Establece metas diarias, semanales y anuales	
Cuando llegues a una meta, establece una nueva	
Asegúrate que la meta es concebible – debes podértela imaginar	
Crea metas que sean creíbles porque se relaciona con tu sistema de valores fundamentales	
Establece una meta que te requiera extenderte	
Pon a la vista una copia de tus metas por escrito de modo que puedas referirte a ellas diariamente	

Jueves – Lección #4 –Encuentra El Lado Positivo

El crecimiento personal es un viaje, no una destinación y van a suceder contratiempos. Es importante darse cuente que el viaje a tu destino (o meta) no siempre va a ser fácil. Vas a encontrar obstáculos en el camino para llegar a tus metas. El crecimiento se trata de poner un pie enfrente del otro con el objetivo de mejorarte a ti mismo día con día. La lección de hoy se trata de encontrar que el lado positivo de las cosas. Los siguientes consejos te van a ayudar a aceptar que hay errores que van a suceder, aprende de ellos, y asegurarte de no repetirlos. Como Líder Servidor, debes de saber como encontrar el lado bueno en cualquier situación.

Reconoce y acepta los contratiempos	
Ayuda a tu personal a aprender de los contratiempos/errores	
Reconoce que los errores son oportunidades para mejorar	
Ve los contratiempos como situaciones temporales	
No señales o culpes a los demás	
No permitas excusas	
Intenta ideas nuevas	

Barbara Baggerly-Hinojosa109
©2010

No te disculpes por tomar riesgos	
Mantén una mente abierta	
Permite que tus emociones se mantengan bajo control – no tomes las cosas como algo personal	
Encuentra el lado positivo	

Viernes – Lección #5 – Reflexiona

Es viernes y has tenido la oportunidad de practicar una gran variedad de habilidades. Toma este día para reflexionar en las Lecciones #1 - #5 y usa este momento para escribir algunos de tus pensamientos acerca de cuáles lecciones sentiste que fueron difíciles y en las lecciones que sentiste que fueron fáciles. El proceso de reflexión es un componente importante para desarrollar tus habilidades de crecimiento.

Dale a tu personal tiempo para reflexionar diariamente	
El tiempo de reflexión debe de centrarse en el crecimiento personal	
Revisa tus metas y el plazo para su cumplimiento	
Dedica tiempo para escribir tus sentimientos en tu diario	

Diario

Capítulo 10
Ayuda Comunitaria- ¿Sirves a los Demás?

Semana 10 – Edificación Comunitaria

Los Lideres Servidores tienen una forma
diferente de ver como las personas trabajan juntas.
Estos líderes crean una comunidad con un sentido de
que todos son parte de un equipo que trabaja hacia
una misma visión. Un verdadero líder eficaz ha
aprendido como servir y ser servido. A través de este
proceso de servir, el Líder Servidor busca encontrar
una forma de edificación comunitaria, resistiendo la
tentación de hacer solamente un buen trabajo. La
verdadera comunidad puede ser creada y el Líder
Servidor eficaz animara a la participación y a
fortalecer acuerdos. Además, el Líder Servidor se
esfuerza por crear una comunidad de líderes a través
de la generación de una visión compartida.
Utilizando sociedades y la comunicación eficaz, el
líder edificará una comunidad que va a contribuir al
éxito de la organización. El Líder Servidor va a
trabajar intencionalmente para construir una
comunidad que trabaje en conjunto y que aprenda a
servir.

Debido a que los Lideres Servidores están mejor preparados para traer un cambio duradero a gran escala, estos líderes escuchan muy de cerca a aquellos con quienes trabajan y viven. Algunas formas de edificar la comunidad pueden incluir dar a través del servicio; invertir financieramente en la comunidad; y cuidar de la comunidad. Estos simples pasos son formas en las cuales un líder puede mejorar la comunidad en la que él/ella vive y trabaja. La participación activa en la vida comunitaria puede estimular la felicidad y el cumplimiento de metas tanto personales como profesionales. Ser voluntario en comunidades enfatiza el sentido de pertenecer. Este sentido de pertenecer proviene de un sentido de propósito compartido.

El Líder Servidor va a fomentar e identificar formas de edificación comunitaria entre aquellos con quien él/ella trabaja y vive. Además, el Líder Servidor usa confianza personal y respeto para construir puentes y para hacer lo mejor para sus seguidores y para la organización. El líder eficaz crea un espíritu comunitario inspirando orgullo en su organización. El Servicio de Liderazgo sugiere que una verdadera comunidad puede ser construida entre aquellos quienes trabajan en empresas y en otras instituciones.

Los siguientes consejos están diseñados para
desarrollar la habilidad para edificar la comunidad.

Lunes – Lección #1 – Comunica la Visión

Visión significa ser capaz de motivar la comunidad con grandes resultados. Los grandes resultados requieren metas para atraer a los seguidores. La visión debe de tener reto, apelar al orgullo personal, y dar la oportunidad de hacer la diferencia y darse cuenta de que ha hecho la diferencia. Hoy, vamos a practicar la habilidad de comunicar la visión. En las lecciones anteriores, hemos hablado de los pasos para crear la visión. Hoy, necesitamos asegurarnos que estamos comunicando la visión eficazmente. Practica algunas de las siguientes actividades y marca con una X las que hayas intentado. No tengas miedo de experimentar y de tomar algunos riesgos. Al final de la semana, vas a ver que tu habilidad para edificar la comunidad ha mejorado.

Comunica la visión claramente	
Posiciona la visión imaginándote el éxito	
Ten confianza	
Pregúntate, "¿Como es o se siente el éxito?"	
Pregúntate, "¿Como sabrán los demás que es el éxito?"	
Interésate en aquellos con quienes trabajas	
Crea una declaración de visón corta, intensa y al	

punto	
Utiliza técnicas de narración para ayudar a que tu visión cobre vida	
Haz un "discurso de ascenso" que comunique la visión clara y de una forma breve	
Usa múltiples medios (juntas, memorándums, correos electrónicos, textos, comidas, etcétera)	
Involucra a los demás en conversaciones individuales	
Identifica personas principales, partes interesadas y partidarios	
Comunícate con personas externas por medio de anuncios y folletos	
Crea metáforas, slogans, lemas, etcétera	
Usa ayudas visuales y actualizaciones para mantener a todos al tanto de la visión	
Apoya lo que dices con acciones y comportamientos que apoyen la visión	

Martes – Lección #2 – Establece Compromiso/Entrega

El compromiso puede ser un concepto difícil porque algunas personas pueden asumir que compromiso significa largas horas y más trabajo. Sin embargo, cuando las expectativas se definen, aumenta la entrega. El compromiso es en realidad un factor crítico para el éxito de un equipo. Las relaciones desarrolladas a partir del compromiso son esenciales para el éxito del equipo. Los individuos y las organizaciones que se sienten realmente comprometidos tienden a tener un fuerte sentido de propósito y de visión. Las personas que se sienten entregadas, involucradas, y enfocadas tienden a tener un compromiso más fuerte. Hoy vamos a practicar la habilidad de compromiso. No olvides marcar con una X los elementos que intentes hoy.

Define las expectativas	
Elimina todas las dudas de la organización	
Proporciona apoyo	
Establece un ambiente de confianza	
Fomenta la inclusión	
Escoge cuidadosamente a los miembros de tu equipo	
Valora a todos los miembros del equipo	

Desafía o reta a tu equipo con oportunidades	
Reconoce a equipos y proyectos exitosos	
Atiende las necesidades inmediatas	

Miércoles – Lección #3 – Establece
Confianza

La confianza significa tener fé y compromiso con el liderazgo y la visión de la organización. Cuando hay confianza, los miembros de un equipo están más dispuestos a comprometerse con la organización – aún cuando atraviesen momentos difíciles. La confianza se establece más efectivamente cuando el Líder Servidor comunica su compromiso con la visión. Hoy, es el tercer día de nuestra lección de Ayuda Comunitaria, vas a practicar las destrezas que mejoren la confianza en tu organización.
¡Intenta hacerlas todas y ve lo que sucede!

Da a conocer tu compromiso con la visión	
Enlista todas las incógnitas	
Evalúa los peores escenarios y tu capacidad para superarlos	
Investiga las incógnitas	
Planea compartir riesgos y beneficios con colegas	
Establece y mantén integridad	
Considera a todos los empleados como socios igualitarios	
Haz lo correcto – ¡siempre!	
Actúa y habla consistentemente	

No retengas información	
Nunca mientas	
Mantén una mente/actitud abierta	

Jueves – Lección #4 –Incluye a los Demás

La lección es sobre la forma de incluir a otros en la organización. La inclusión implicar a otros a comprometerse con el esfuerzo comunitario para alcanzar los objetivos acordados. Con el fin de mejorar la inclusión, un Líder Servidor debe de ayudar a aquellos que dudan que ellos puedan lograr un compromiso con la visión de la organización. Las siguientes destrezas te ayudaran a practicar la inclusión en tu organización. A medida que las intentes, coloca X en la caja.

Comunícate con todos de una manera eficaz	
Haz preguntas no asumibles como, "¿Qué te parece?" y "¿Me puedes explicar que está pasando con este reporte/informe?"	
Invita a dar respuestas reales	
Escucha, no juzgues	
Demuestra capacidad para responder haciéndolo de una manera directa	
Crea un ambiente en el cuál los demás se sienta seguros y confiados	
Involucra a todos	
Proporciona una serie de actividades basadas en las necesidades e intereses de los demás	

Escucha y considera las ideas de otros	
Practica el activamente escuchar	
Promueve el debate con una variedad de puntos de vista	

Viernes – Lección #5 – Reflexiona – ¿Eres un "10?"

El paso final para la edificación de una comunidad es reflexionar en todas las lecciones previas y evaluar tus destrezas usando el siguiente cuestionario. Responde a las preguntas con honestidad. Cuando contestes "no" tal vez hayas descubierto una meta para ti mismo. Una estrategia equilibrada para llegar a tu objetivo de ser un Líder Servidor más eficaz puede ser desarrollada a partir de este libro. Como Robert Greenleaf afirmo, "…cada uno de nosotros está íntimamente conectado con el otro, y al reconocer esa conexión, nos sentimos impulsados a un mayor servicio; a un entendimiento más profundo, apreciación, y tolerancia del uno por el otro; a una honesta auto-exanimación de nuestras propias actitudes y comportamientos; y a edificar la comunidad" (Greenleaf, 2003).

Responde a cada pregunto con un "Si/No"

¿Piensan las personas que quieres escuchar sus ideas y que las valoras?	
¿Piensan las personas que entiendes lo que está sucediendo en sus vidas y como los afecta?	
¿Vienen las personas a ti cuando tienen problemas o cuando algo traumatizante a sucedido en sus vidas?	
¿Creen los demás que estas consciente de lo que	

está sucediendo?	
¿Hacen o siguen los demás tus peticiones/ordenes porque quieren? o porque "¿tienen qué?"	
¿Comunican los demás sus ideas y su visión para la organización cuando estas presente?	
¿Tienen los demás confianza en tu habilidad para anticipar el futuro y sus consecuencias?	
¿Creen los demás que estas preparando a la organización para hacer la diferencia de una manera positiva en el mundo?	
¿Creen los demás que estas comprometido a ayudarlos a desarrollarse y a crecer?	
¿Sienten las personas un fuerte sentido comunitario por la organización que diriges?	

Diario

Referencias

Barbuto, J.E. Jr., & Wheeler, D.W. (2007). *Becoming a servant leader: do you have what it takes?* University of Nebraska-Lincoln Extension, Institute of Agriculture and Natural Resources.

Greenleaf, R.K. (2003). *The servant-leader within: A transformative path.* Mahwah, NJ: Paulist Press.